AF235497

Vancouver lieben lernen

Entdecken Sie die Stadt und die schönsten Urlaubsorte, um Ihren nächsten Urlaub perfekt zu planen

Sabine Menrath

INHALT

Was erwartet Sie in diesem Buch?

Ein ausgiebiges Sonnenbad am Strand nehmen, am Meer entlang flanieren, in den Bergen wandern, die Skipiste in einem Affenzahn herunter jagen, eine exotische Flora und Fauna erleben, im Großstadtdschungel shoppen, in einem gemütlichen Altstadtcafé sitzen, architektonische Meisterwerke bewundern und die asiatische und indianische Kultur hautnah erfahren – was klingt wie das mehrwöchige Programm eines Globetrotters oder ein utopischer Traum, wird für Sie mit nur einer Reise wahr. Und das, ohne

Ihre zeitlichen und finanziellen Ressourcen übermäßig zu beanspruchen, denn dieser magische Ort befindet sich in Kanada, genauer gesagt in der Provinz British Columbia, und nennt sich Vancouver. Die Stadt im Südwesten Kanadas gilt gemeinhin als die schönste des Landes, dieses Buch handelt von ihrer Faszination.

In den folgenden Kapiteln erhalten Sie Einblicke in die reiche Historie einer jungen Stadt mit einem besonderen Flair durch ihre einzigartige Mischung aus Kulturen, die malerische Natur und eine Vielfalt an Erlebnismöglichkeiten für jeden Geschmack. Kulturinteressierte kommen gleichermaßen auf ihre Kosten wie Familien mit Kindern, Naturliebhaber, Sonnenanbeter, Wasserratten, Partymäuse oder Adrenalinjunkies. Sie werden sehen, dass Erholung, Abenteuer und kulturelle Bildung genauso wenig unvereinbar sind wie ein packendes

Urlaubsprogramm mit einem kleinen Geldbeutel. In Vancouver liegen die Extreme nah beieinander. Neben einer Rundreise durch die Bezirke Vancouvers mit all ihren Sehenswürdigkeiten und charakteristischen Merkmalen erhalten Sie in vielerlei Hinsicht nützliche Hinweise und wertvolle Insidertipps, auf deren Basis Sie Ihre eigene Reiseplanung vorantreiben können.

Nun lassen Sie jedoch erst einmal die mannigfaltigen Impressionen auf sich wirken und fühlen Sie sich gedanklich an die kanadische Westküste versetzt, wo Sie umgeben sind von Meeresrauschen, Vogelgezwitscher und atembe-raubenden Ausblicken über die aufregende Metropole Vancouver.

SABINE MENRATH

Vancouver: Grüne Metropole mit Lebensqualität

DIE KANADISCHE WESTKÜSTE: EINGESÄUMT VON BERGEN & MEER

Unendliche Weiten, wilde, unberührte Natur, Erholung pur. Das und noch viel mehr verspricht Kanada, der flächenmäßig zweitgrößte Staat der Welt, wobei nur 36,5

Millionen Einwohner das beinahe zehn Millionen Quadratkilometer große Land zwischen dem Pazifischen und Atlantischen Ozean besiedeln. Im Südwesten der an der Pazifikküste gelegenen Provinz British Columbia befindet sich das Zentrum Vancouvers auf einer Halbinsel zwischen den beiden Meerarmen Burrard Inlet und False Creek im breiten Flussdelta des Fraser River.

An der Straße von Georgia situiert, schirmt Vancouver Island die Peninsula im Westen und Südwesten vom Pazifik ab. Nur 45 Kilometer nordwestlich der Grenze zu den Vereinigten Staaten zeichnet sich im Südosten der Stadt der im US-Bundesstaat Washington gelegene Vulkan Mount Baker ab. Ergänzt wird die atemberaubende Kulisse durch die eindrucksvollen Gipfel der North Shore Mountains und die Berge der Sunshine Coast im Nordwesten.

Auf rund 115 Quadratkilometern beherbergt Vancouver rund 675.000 Einwohner in 23 Bezirken, den sogenannten neigbourhoods. Zählt man die Bewohner des Regionaldistrikts Metro Vancouver dazu, so vervielfacht sich die Zahl auf stolze 2,5 Millionen. Damit gehört die Metropolregion in die Top 3 Kanadas nach Toronto und Montreal.

Die bezaubernde Landschaft im Zusammenspiel mit dem im Vergleich zum Rest des Landes ungewöhnlich milden Klima tut ihr Übriges, um Vancouver alle Jahre wieder in Statistiken und Umfragen zur Lebensqualität im weltweiten Vergleich ganz weit nach oben zu katapultieren. Auch wenn im Jahresdurchschnitt an 166 Tagen Regen fällt, tragen die vergleichsweise milden Winter mit Temperaturen meist über dem Gefrierpunkt sowie die angenehmen Sommer mit durchschnittlich 22 Grad Celsius dazu bei, dass eine Reise nach Vancouver zu allen Jahreszeiten mehr als empfehlenswert ist. Mit wetterfester Outdoorausrüstung sind Sie stets richtig gekleidet.

Allein die natürlichen Rahmenbedingungen mit kilometerlangen Sandstränden, zerklüfteten und von den vielen Fjorden geprägten Gebirgen, immergrünen Nadelwäldern und dem Eindruck unberührter Natur mit einer lebendigen und vielfältigen Flora und Fauna erweisen sich als attraktive Mischung für Tourismus jedweder Art. Auch die historische Entwicklung zeigt, warum Vancouver für immer mehr Menschen lebenswert erscheint.

VON DEN FIRST NATIONS ÜBER DIE EUROPÄISCHEN EROBERER BIS ZUR BOOMTOWN

Gleichwohl Vancouver als durch und durch junge Stadt gilt, reichen ihre Wurzeln tief in die Geschichte der First Nations zurück. Die voreuropäische Besiedlung datiert 4.500 bis 9.000 Jahre zurück, als die Völker der Squamish, Musqueam und Burrard in dem Gebiet des heutigen Vancouvers in enger Verbundenheit mit den Traditionen der Stämme aus dem heutigen US-Bundesstaat Washington eine Kultur des Jagens und Sammelns lebten, womit dennoch eine höhergradige gesellschaftliche Differenzierung einherging.

Hinsichtlich des späteren Namens prägend war schließlich die „Entdeckung" des Gebiets durch den britischen Kapitän George Vancouver, der die Straße von Georgia im Jahre 1792 im Auftrag der British Royal Navy erkundete und das umgebende Land erstmals kartografierte. Der schottische Pelzhändler Simon Fraser war 16 Jahre später der erste Europäer, der das Burrard Inlet auf dem Landweg erreichte, zu seinen Ehren wurde der Fraser River benannt. Eine erste

Einwanderungswelle folgte erst im Zuge des Fraser-Canyon- und Cariboo-Goldrauschs in den späten 1850er- und frühen 1860er-Jahren. Etwa 25.000 zumeist aus Kalifornien stammende Männer zogen in das Einzugsgebiet des Fraser River, die britische Regierung kam jedoch möglichen Ansprüchen aus den USA zuvor und erklärte British Columbia zur britischen Kronkolonie. Während im östlichen Teil Kanadas die Franzosen ihre Vormachtstellung ausbauten, waren es im restlichen Kanada die Engländer, die dort die Kolonialisierung vorantrieben.

Bevölkerungsentwicklung			
1891:	13.709	1961:	384.522
1901:	26.133	1971:	426.256
1911:	100.401	1981:	414.281
1921:	117.217	1991:	471.644
1931:	246.593	2001:	545.671
1941:	275.353	2011:	603.502
1951:	344.833		

1867 entstand auf dem Gebiet des heutigen Vancouvers das erste Sägewerk inklusive Saloons, das die dort fortwährend traditionsreiche

Forstwirtschaft begründete. Der Ort wurde in Anlehnung an den Saloon-Besitzer John Deighton alias Gassy Jack (der „geschwätzige Jack") Gastown genannt, um drei Jahre später in Granville abgeändert und 1871 nach seinem Entdecker Vancouver benannt zu werden. Im selben Jahr war British Columbia der Kanadischen Föderation beigetreten, um im Gegenzug die Strecke der transkontinentalen Eisenbahn am Hafen der Stadt enden zu lassen.

Die offizielle Gründung Vancouvers wurde erst am 06. April 1886 vollzogen, nur zwei Monate später war die Stadt nach einem außer Kontrolle geratenen Rodungsbrand beinahe vollständig zerstört. Dieses Ereignis tat der Entwicklung jedoch keinen großen Abbruch: Ein rascher Wiederaufbau zusammen mit dem Aufschwung durch die Eisenbahn ließen Vancouver in wenigen Jahrzehnten von einer Sägewerksiedlung zur Großstadt werden. Von nur 5.000 Einwohnern bei Stadtgründung über 15.000 im Jahre 1892 schwoll die Zahl der Stadtbewohner bis zur Jahrhundertwende exponentiell auf 100.000 an. War die Wirtschaft anfangs noch von der britischen Ressourcenausbeutung in Form von Forst- und Landwirtschaft sowie

Bergbau und Fischerei geprägt, so erlangte der Hafen Vancouvers mit der Eröffnung des Panamakanals 1914 eine bis heute währende internationale Bedeutung. Zwar stoppte die Weltwirtschaftskrise Ende der 1920er-Jahre vorerst den lang anhaltenden Aufschwung, mit dem Zulauf Tausender junger Arbeitssuchender aus den anderen kanadischen Provinzen und spätestens mit dem Ausbruch des Zweiten Weltkriegs und der florierenden Rüstungsindustrie setzte sich der Boom jedoch fort.

Im Lauf der Dekaden, vor allem aber mit der anlässlich des 100. Stadtjubiläums in Vancouver stattfindenden Weltausstellung Expo 86, entwickelte sich die Stadt immer mehr zu einem Dienstleistungszentrum und Touristenmagneten. Mit der Zuwanderung Tausender zumeist wohlhabender Chinesen vor der Übergabe Hongkongs an China in den 1980er-/90er-Jahren sowie dem infrastrukturellen Ausbau im Rahmen der 2010 in Vancouver abgehaltenen XXI. Olympischen Winterspiele stiegen auch die Immobilien- und Mietpreise auf ein hohes Niveau. Die Kenntnis der lebendigen Geschichte dieser jungen Stadt macht die heutige kulturelle und ethnische Vielfalt der

Bevölkerung erst nachvollziehbar. Und doch entwickelten die Kanadier daraus eine ganz eigene Kultur.

KANADIER: DIE EUROPÄISCHEN AMERIKANER

Aus geografischer Sicht mag Kanada näher an den Vereinigten Staaten liegen, in kultureller Hinsicht ist es aber mehr als nur deren kleiner Bruder. Ganz im Gegenteil besitzt das Land aus seiner Historie mindestens genauso viele oder gar mehr Gemeinsamkeiten mit Europa. Doch Kanada ist eine junge Nation mit zwar bewegter (Einwanderungs-) Historie, aber dennoch eigenständiger Kultur. Verstanden werden kann diese als Mosaik, das seinen Ursprung in der Geschichte nahm und dem nach und nach weitere Edelsteine hinzugefügt wurden.

Bei landesweit über 200 ethnischen Gruppen und 100 verschiedenen Sprachen scheint es mehr als angemessen und nachvollziehbar, dass Kanada den Multikulturalismus seit 1971 offiziell verankert bzw. seit 1982 in der Canadian Charter of Rights and Freedoms verewigt hat. Ethnische Vielfalt wird als positiv bereichernd perzipiert, kulturelle Differenz ist ein verbrieftes Recht, Toleranz und Gleichwertigkeit sind zentrale Werte der kanadischen Gesellschaft. Die Gesetze und politische Struktur des Staates basieren auf mehr oder minder importierten Werten der west- und nordeuropäischen Siedler, doch auch die Kultur der First Nations hat einen bleibenden Einfluss auf die nationale Kultur hinterlassen und spiegelt sich in Ortsnamen, alltäglichen Begrifflichkeiten, Erfindungen oder Spielen wider.

Multikulti in Kanada

Der kanadische Multikulturalismus wird von vier ethnischen Hauptgruppen gespeist, nämlich den First Nations (Indianer, Inuit und Métis), den Anglo- und Franko-Kanadiern (als Nachkommen der Pioniere, Eroberer und Siedler), den spät eingewanderten europäischen Minderheiten und den sogenannten sichtbaren Minderheiten, die nicht kaukasischen Ursprungs sind und nicht von den Ureinwohnern abstammen.

In den kanadischen Medien ist häufig die Rede davon, dass das Land noch immer auf der Suche nach einer nationalen Identität sei. Es herrsche kein starker Patriotismus vor, dafür fehle ein wirklicher Gründermythos und dafür habe sich die Bevölkerung von Anfang an zu sehr konkurrierenden Kulturen der Europäer und Ureinwohner ausgesetzt gesehen. Gleichwohl zeigen Umfragen auf, dass es durchaus einigende Werte o. Ä. gibt, die das Mosaik zusammenhalten: die Canadian Charter of Rights and Freedoms, die nordische Landschaft, Hockey als Nationalsport, das universale Gesundheitssystem oder das Konzept des Multikulturalismus. Kanadier zu sein, heißt für viele, mehr als nur eine Identität zu haben: Mit Stolz bezeichnen sich Anglo-Canadians, Franco-Canadians und Co. als Bindestrich-Kanadier.

Auch ist es augenscheinlich, dass sich Kanadier selbst nicht als Americans bezeichnen, das sind die Yanks mit ihrer aggressiven Außenpolitik und grassierenden sozialen Ungerechtigkeit. Die Herstellung kultureller Identität geschieht auch immer in Abgrenzung zu den USA. Auch und gerade deshalb ist in Kanada auch keine Rede vom Melting Pot US-amerikanischer Provenienz. Hier gilt Integration statt Assimilation, ein friedliches Nebeneinander verschiedener Kulturen anstelle der Verschmelzung zu einer neuen.

First Nations in Vancouver

Unter den Begriff *First Nations* werden die Ureinwohner Kanadas bzw. deren Nachfahren gefasst. Man unterscheidet im Wesentlichen drei Gruppen, nämlich die Indianer, die Inuit und die Métis, wobei Letztere die Nachkommen der französischen und schottischen Pelzhändler sind, die Kinder mit den First Nations Frauen bekamen.

Zur Jahrtausendwende ergab der Zensus eine Zahl von 10.445 Indianern in der Stadt selbst bzw. 22.700 in der gesamten Metropolregion sowie 12.505 Métis und 260 Inuit.

Doch, was macht sie nun aus, die kanadische Kultur? Multikulturalismus ist nur ein Faktor, obgleich ein sehr wesentlicher. Kanadier sind Lokalpatrioten durch und durch, in einem der dezentralsten Länder der Welt ist die Identifikation mit der Provinz oftmals höher als mit dem Land selbst. Entsprechend lassen sich Unterschiede in den Mentalitäten sehr gut anhand der regionalen Linien nachvollziehen: In den atlantischen Provinzen gelten die Leute als eher reserviert und altmodisch, in Western Canada dagegen als sehr offen und entspannt. Während Ontario als eher konservativ anzusehen ist, sagt man den Einwohnern British Columbias eine erfrischende Unkonventionalität nach. Tatsächliche kulturelle Unterschiede finden sich – wenn überhaupt – nur in der Betrachtung der anglofonen-frankofonen Differenz: Quebec denkt im Vergleich zum restlichen Kanada stark regionalistisch.

Die kanadische Gesellschaft ist darüber hinaus stark individualistisch geprägt, die Kernfamilie steht im Zentrum des Handelns und Lebens. Das schließt jedoch kein ehrenamtliches Engagement aus, Kanadier legen großen Wert auf Gemeinsinn und Sozialstaat. Wichtig ist ihnen eine gute Work-Life-Balance, es geht nicht um Aufstieg und Erfolg um jeden Preis. Arbeit dient zum Leben, nicht etwa umgekehrt – wie beim großen Nachbarn. Ziemlich undeutsch ist die kanadische Risikofreude, das innovative und kurzfristige Denken.

Wie hierzulande bevorzugt man in der kanadischen Low Context Culture aber gleichermaßen eine präzise und schnörkellose Kommunikationsweise. Diese darf aber keinesfalls zu direkt im Sinne von aggressiv sein, Political Correctness und Freundlich- sowie Höflichkeit schreibt man in Kanada groß. Sie dürfen jede Wette eingehen, dass

Sie in jedem gern gesehenen Small Talk mindestens ein sorry, maybe oder thank you hören werden. Führen Sie doch eine Strichliste, aber nur gedanklich, alles andere verbietet die kanadische Höflichkeit!

HONGCOUVER: KULTURELLE DIVERSITÄT & ETHNISCHE VIELFALT

Wer in Vancouver „den typischen Kanadier" – sofern es einen solchen überhaupt gibt – treffen will, hat in etwa eine Fifty-Fifty-Chance. Beinahe die Hälfte der städtischen Bevölkerung gilt in statistischer Hinsicht als sichtbare Minderheit, das heißt als Nicht-Weißer bzw. -Kaukasier, die First Nations ausgeschlossen. Etwa ein Drittel dieser hat chinesische Wurzeln, kam diese Bevölkerungsgruppe sowie ihre Vorfahren doch in der Gründungsphase der Stadt im Zuge des Goldrauschs und Eisenbahnbaus sowie durch die angesprochene Übergabe Hongkongs an Chinas im späten 20. Jahrhundert in die Stadt.

Innerhalb des Landes gilt Vancouver nach Toronto und noch vor Montreal als zweitpopulärstes Immigrationsziel. Seit jeher stellen die britischen Einwanderer die größte Gruppe, in den 1980ern folgten große Gruppen deutscher und skandinavischer Abstammung. Die zehn First Nations nehmen innerhalb ihrer eigenen Rechtsbezirke eine Sonderrolle ein; es existieren 22 Reservate auf nur 17,22 Quadratkilometern, sprich 6 % der Gesamtfläche. Die Vielzahl an Ethnien bringt keine dominierende Religion oder Konfession, wohl aber eine Prägung diverser Stadtteile mit sich. Neben der drittgrößten nordamerikanischen Chinatown nach San Francisco und New York City finden sich in Vancouver weiterhin unter anderem Little Italy, Japantown, Koreatown und Greektown mit ihren jeweils landestypischen Lebensstilen, Küchen u. v. m.

Vorbildhafte Immigrationspolitik

Wenn es weltweit um Fragen der Immigration und Integration geht, gilt Kanada als einer der Vorreiter und lang erprobten Erfolgsgeschichten. Für das Land ist Einwanderung ein wesentlicher Teil seiner Geschichte und die Kanadier wissen, das Potenzial von Immigranten für sich zu nutzen.

Die Politik arbeitet mit auf mehrere Jahre angelegten Einwanderungsplänen und baut auf gezielte Zuwanderung, um Arbeitskräftemangel und Überalterung vorzubeugen. Dazu wurde ein Punktesystem entwickelt, um einen Pool aus geeigneten Kandidaten zu kreieren und daraus nach Bedarf zu rekrutieren.

Diese jahrelange Erfahrung erweist sich für Kanada auch als enorm hilfreich für die Bewältigung von Flüchtlingswellen.

Der Multikulturalismus selbst scheint zumindest äußerlich keine nennenswerten sozialen Probleme hervorzurufen, doch auch Vancouver hat wie jede Großstadt nicht nur Licht, sondern auch Schatten vorzuweisen. Die Wurzel liegt im Wesentlichen in den hohen Mieten durch explodierende Bevölkerungszahlen, die die ärmeren Schichten von Obdachlosigkeit bedrohen, mit allen Folgen wie Drogenmissbrauch, Prostitution und Kriminalität. Als Tourist lebt man nicht unbedingt gefährlich, in der Dunkelheit sollten Sie zu Ihrer eigenen Sicherheit jedoch besser die Gegenden Downtown Eastside rund um die Hastings Street bzw. die Carall

Street südlich der Gassy-Jack-Statue zwischen Chinatown und Downtown meiden.

Vancouver: Eine durch und durch junge Stadt

INFRASTRUKTUR: AUF DEM LAND, ZU WASSER ODER IN DER LUFT

Das Erste, das der gemeine europäische Tourist nach seiner Ankunft im vermeintlichen Vancouver sieht, ist vermutlich der Vancouver International Airport

(YVR), der sich eigentlich in dem etwa 15 Kilometer südöstlich von Downtown Vancouver gelegenen Vorort Richmond auf der Halbinsel Sea Island befindet.

Reisen nach Kanada
Für Aufenthalte unter sechs Monaten gilt in Kanada keine Visumspflicht. Sie müssen lediglich über einen Reisepass mit einer Mindestgültigkeitsdauer bis zum Ende Ihres Aufenthalts sowie über ein Rück- bzw. Weiterreiseticket verfügen. Beachten Sie die Zeitverschiebung von minus neun Stunden im Vergleich zur deutschen Zeitzone!

Mit drei Terminals ist er der zweitgrößte kanadische Flughafen sowie auch der zweitgrößte an der nordamerikanischen Westküste. Die meisten großen europäischen Flughäfen bieten Direktflüge nach Vancouver an, in knapp elf Stunden fliegt man beispielsweise mit Lufthansa oder Air Canada ab Frankfurt/Main oder Sie machen einen kleinen Abstecher über London und reisen von dort mit den British Airways. In unmittelbarer Nähe des Vancouver International Airports findet sich eine Vielzahl an Hotels, die zumeist günstiger sind als in Downtown Vancouver und einen kostenlosen Shuttleservice anbieten. Wer sich doch für Vancouver selbst entschieden hat, kann sich entweder am Flughafen ein Taxi nehmen oder preisgünstiger einen Mietwagen leihen, den er/sie idealerweise vor der Reise reserviert hat.

Achtung: Hierfür ist zur Hinterlegung der Kaution zwingend eine Kreditkarte erforderlich! Seit 2009 lässt es sich aber auch bequem mittels des öffentlichen Personennahverkehrs in die Stadt kommen, die Canada Line fährt direkt gegenüber dem Flughafengebäude in 25 Minuten bis zur Endhaltestelle Waterfront.

Zahlungsmittel

In der Regel empfiehlt es sich, erst in Kanada selbst Bargeld wechseln zu lassen, die Wechselkurse sind dort etwas günstiger. 1 EUR entspricht etwa 1,5 CAD bzw. 1 CAD etwa 0,66 EUR. Idealerweise erledigen Sie das entweder am Flughafen selbst oder in einer der anerkannten Banken, Finanzinstitute oder Wechselstuben in Vancouver. Wenn eine bargeldlose Zahlung bevorzugt wird, sollte bevorzugt zu einer Kreditkarte gegriffen werden, EC-Karten werden nur selten akzeptiert. Bitte informieren Sie sich bei Ihrem Institut vorab bezüglich Gebühren für den Fremdwährungseinsatz.

In Vancouver selbst bewegt man sich am besten ohne Auto voran. Zum einen herrscht ein Großstadt-typisches Verkehrsaufkommen, zum anderen steigen die Preise für die Parkhäuser mit zunehmender Nähe zu den beliebten Sehenswürdigkeiten, wobei die kurze maximal mögliche Parkdauer von einer rigorosen Abschleppmentalität der örtlichen Behörden flankiert wird. Das tut der Mobilität jedoch keinerlei Abbruch, verfügt Vancouver doch über ein dichtes Netz für den ÖPNV, dessen Rückgrat fraglos der SkyTrain ist: Ein voll automatisiertes Transportmittel auf drei Linien mit annähernd 50 Haltestellen auf über 70 Kilometern, das in der Innenstadt als U-Bahn, ansonsten auch als Hochbahn verkehrt.

Weiterhin verfügt Vancouver über ein dichtes Netz an Omnibussen, die im Fünf- bis Zehn-Minuten-Takt verkehren. Ergänzt wird der ÖPNV durch den sogenannten SeaBus, ein motorbetriebener Katamaran aus Aluminium, der werktags im

15-Minuten-Takt den Burrard Inlet überquert und damit Vancouvers Stadtzentrum mit North Vancouver verbindet.

Vancouvers ÖPNV

Wie der SkyTrain werden auch die Omnibusse sowie der sogenannte SeaBus vom Verkehrsunternehmen TransLink betrieben, was universell gültige Einheitstickets möglich macht. Empfehlenswert ist der Daypass, von dem man sich gleich mehrere zulegen und dann den jeweiligen Nutzungstag durch das Frei-rubbeln des entsprechenden Feldes auf dem Ticket auswählen kann. Erwerben können Sie diese und andere Tickets entweder bar oder per Kreditkarte an den an jeder größeren Station aufgestellten Automaten oder direkt beim Busfahrer, dann aber nur bar und passend. Es ist ratsam, sich zudem vor der Reise beim Verkehrsunternehmen oder über bekannte Suchmaschinen über die Fahrstrecken zu informieren, da auf den Bus-sen sehr uneinheitlich mal die haupt-sächlich befahrene Straße, ein anderes Mal wiederum die Endstation eingeblendet wird.

Was San Francisco seine Cable Cars und Venedig seine Gondeln, könnten für Vancouver bald seine

Float Planes sein. Zumindest, wenn es nach deren Betreibern geht. Diese Wasserflugzeuge eignen sich ideal für kleinere Rundflüge, um die natürliche Schönheit Vancouvers aus der Luft zu betrachten, oder aber, um einen Tagesausflug zur Provinzhauptstadt Victoria auf Vancouver Island zu unternehmen, denn es existieren keine direkten Fährverbindungen. Allgemein gibt es keine große Auswahl an Fernverbindungen zwischen Vancouver und umliegenden Gegenden, der Betrieb von Überlandbussen wurde Ende des Jahres 2018 eingestellt und Zugreisen sind dort eher unüblich und teuer.

Es existieren saisonale Angebote wie die Verbindung Vancouver – Jasper – Edmonton – Winnipeg – Toronto, Vancouver – Whistler oder ganzjährig Vancouver – Seattle, diese zielen jedoch vorrangig auf Touristen ab. Aber die Stadt selbst hat schließlich mehr als genug für einen unvergesslichen Urlaub zu bieten.

Da die Sehenswürdigkeiten in Vancouver ohnehin recht nah beieinander liegen, ist ein Fußmarsch ebenso empfehlenswert wie eine Erkundung mit dem Rad. Vancouver verfügt über ein sehr gut ausgebautes Radwegenetz von über 170

Kilometern, das zumeist über verkehrsberuhigte Nebenstraßen oder Radstreifen führt. Darüber hinaus finden Sie Leihstationen für Fahrräder an allen wichtigen Eckpunkten der Stadt, um flexibel, schnell und kostengünstig von A nach B zu kommen.

ARCHITEKTUR & STADTBILD: GRÜNER WIRD'S NICHT MEHR!

In baulicher Hinsicht ist Vancouver eine sehr junge Stadt, deren Bild durchweg von modernen Gebäuden geprägt ist. Architekturliebhaber werden die ausgezeichnet erhaltenen Bauten aus dem frühen 20. Jahrhundert zu schätzen wissen: Die Vancouver Art Gallery sowie das Dominion Building folgen der neoklassizistischen Bauweise, während der Sun Tower im Beaux-Arts-Stil und das Marine Building im Art-Déco-Stil nach dem Vorbild des Empire State Building errichten wurden.

Neben der Vancouver Public Library, deren Gebäude an das Kolosseum erinnert, wartet mit dem Canada Place ein architektonisch ganz besonders herausragendes Highlight auf eine Begutachtung durch den Kenner- und Laienblick gleichermaßen. Letzteres ist ein von Stararchitekt Ed Zeidler anlässlich der Weltausstellung geplanter, futuristisch anmutender, ins Wasser gebauter Steg mit einem Dach aus Segeltuch. 1986 war das Gebäude der kanadische Pavillon auf der Expo, heute beherbergt es ein Messe- und Kongresszentrum, das luxuriöse Pan Pacific Hotel und ein IMAX-Kino und ist Schauplatz wechselnder Expositionen sowie Anlegestelle für jährlich über 200 Kreuzfahrschiffe, die die Westküste entlang bis nach Alaska verkehren.

Expo 86
Die Expo 86 – oder offiziell 1986 World Exposition on Transportation and Communication – fand von Mai bis Oktober 1986 anlässlich der 100-Jahr-Feier der Stadtgründung unter dem Motto World in Motion – World in Touch am Nordufer des False Creek statt. Vancouver empfing 54 teilnehmende Länder sowie über 22 Millionen Besucher. Viele der Bauten wie die Science World, der SkyTrain, der Canada Place, die Plaza of Nations oder das BC Place Stadium blieben auch danach

erhalten und dienen noch heute als Veranstaltungsorte und Tourismusmagneten.

Mit 2,5 Kilometer eine der eindrucksvollsten und längsten Hochhausschluchten Nordamerikas finden Sie in der West Georgia Street, das Living Shangri-La ist mit 201 Metern das höchste Gebäude der Stadt. Gemeinhin gilt die Skyline Vancouvers als recht flach und visuell wenig interessant, was den öffentlichen Richtlinien zum Städtebau geschuldet sein mag. Diese sehen vor, dass Hochhäuser nur an bestimmten Orten und bis zu einer jeweils zu definierenden Höhe gebaut werden dürfen, um den charakteristischen Blick auf die North Shore Mountains nicht zu verdecken.

Spätestens nach einem Besuch des Harbour Centre Tower werden Sie diese Maßnahmen nachvollziehen, ja, sogar wertzuschätzen wissen. Die dortigen Aussichtsringe, die sogenannten Lookouts, bieten einen 360-Grad-Panorama-Blick über Vancouver und darüber hinaus. Nach einer knapp 50-sekündigen Fahrt mit einem der gläsernen Aufzüge kann man auf 177 Metern Höhe an klaren Tagen sogar den 140 Kilometer weit entfernten, in Washington State befindlichen Mount

Baker bestaunen. Dieser Ausblick entschädigt für so einiges!

Und wem die traumhafte Sicht auf die Vancouver umgebende Natur noch nicht ausreicht, der findet in der Geburtsstadt von Greenpeace selbst beinahe 1.300 Hektar Grünfläche. Bis 2020 will Vancouver schließlich die weltweit grünste Stadt werden. Über zehn Prozent der Stadt sind durch öffentliche Parkanlagen und Gärten genutzt, grüner wird es nicht mehr!

Ob der Queen Elizabeth Park mit dem Little Mountain als höchster natürlicher Punkt der Stadt (167 Meter ü. NN), der Dr. Sun Yat-Sen Classic Chinese Garden als erster den klassischen chinesischen Gärten außerhalb Chinas nachempfundener Parkanlage oder der etwas außerhalb gelegene Lighthouse Park mit Waldgebiet und Point-Atkinson-Leuchtturm, allesamt bieten sie Naherholung inmitten der Großstadt. Auch die botanischen Gärten, der VanDusen Botanical Garden mitsamt Labyrinth sowie der UBC Botanical Garden mit seinen Hängebrücken sind einen Besuch mehr als wert.

Ein absolutes Muss ist aber in jedem Fall ein Ausflug in den Stanley Park, der mit 404 Hektar größte und mit Abstand bekannteste seiner Art in Vancouver. Er ist circa einen Kilometer westlich von Downtown auf einer eigenen Halbinsel gelegen und hat jede Menge Attraktionen zu bieten.

Die wohl größte darunter ist das Vancouver Aquarium, aber auch sonst gibt es dort viel zu sehen und zu erleben. Ob nun die zutraulichen Waschbären, Gänse und Eichhörnchen, die indianischen Totempfähle, der Wasserspielpark am Lumberman's Arch, die zahllosen Künstler und Porträtmaler, die 1,5 Kilometer lange Lions Gate Bridge als Verbindung zu North Vancouver, der 10-Kilometer-Rundweg um den Park oder die von eins bis drei durchnummerierten Strände Ihr persönliches Highlight darstellen, dürfen Sie natürlich für sich selbst entscheiden.

Vancouver Aquarium
Das seit 1956 im Stanley Park angesiedelte Vancouver Aquarium ist eines der führenden marinewissenschaftlichen Zentren Nordamerikas. Unter den über 70.000 dort lebenden Tieren finden sich gut fünf Dutzend Amphibien-, über 300 Fisch- und mehr als 60 verschiedene Vogel- und Säugetierarten. Für die jährlich weit mehr als eine Million

Besucher hat das Vancouver Aquarium neben der Amazonas-Ausstellung mit Schmetterlingen, Echsen, Faultieren und Schildkröten und einem 4D-Kino noch weitere echte Höhepunkte wie Weißwale, Haie und Delfine zu bieten.

Von den 23 neighbourhoods, den Stadtbezirken Vancouvers, hat ein jeder seinen ganz eigenen Charakter und Charme. Wer auf der Suche nach dem originären Stadtkern ist, sollte sich unbedingt Gastown ansehen. Zwar ist das älteste Viertel der Stadt sehr touristisch ausgelegt, jedoch vermittelt es mit dem typischen Kopfsteinpflaster, einer Vielzahl an kleinen, aber feinen Restaurants, Cafés, Bars und Galerien seinen Besuchern dennoch auf ganz besondere Weise den ursprünglichen Flair Vancouvers. Darüber hinaus sehenswert ist die Statue des Namensgebers Gassy Jack, der dort um die Gründungszeit herum die erste Kneipe eröffnete, sowie die letzte Dampfuhr Nordamerikas, die analog den London-typischen Westminsterschlag zu jeder Viertelstunde spielt. Soll es etwas exotischer sein, so lohnt ein Besuch von Chinatown oder dem Punjabi Market, wo authentisch die Bräuche und Traditionen der Heimatländer gelebt und gefeiert werden.

KUNST & KULTUR: MUSEEN, HOLLYWOOD NORTH, FESTIVALS U. V. M.

Für Kulturinteressierte hält Vancouver eine ganze Bandbreite an Einrichtungen bereit, die den Wissensdurst stillen und darüber hinaus die Horizonte erweitern. Freunde gepflegter Kunst werden die Vancouver Art Gallery lieben, die mit über 80.000 Kunstwerken die größte ihrer Art in Westkanada ist. Darunter finden sich unter anderem rund 200 Werke der indianisch inspirierten Emily Carr sowie Illustrationen des russisch-französischen Malers Marc Chagall. Für Begeisterte der Schifffahrt hält das Vancouver Maritime Museum ein besonderes Ausstellungsstück bereit: Das St. Roch, welches als erstes Schiff überhaupt die Nordwestpassage zwischen dem Pazifik und dem Atlantik erfolgreich passierte.

Skulpturenpark

Die im Zuge der Vancouver International Sculpture Biennale im Jahre 2009 im Morton Park installierte Skulptur des zeitgenössischen chinesischen Künstlers Yue Minjun wird jedem Kunstliebhaber ein Lächeln ins Gesicht zaubern. Sie besteht aus 14 Bronzeskulpturen zu je fast drei Metern Höhe und 250 Kilogramm Gewicht, die den Künstler in einem Zustand hysterischen Lachens porträtieren. Daher der Name seines Meisterwerks: A-maze-ing Laughter.

Darf es etwas tiefer in die Geschichte Vancouvers gehen, so bietet das Museum of Anthropology profunde Einblicke in die Historie der First Nations, während das Vancouver Police Centennial Museum Einsicht in die interessante kanadische Kriminalgeschichte gewährt und das Museum of Vancouver seinen Besuchern die Stadt- und Naturgeschichte auf anschauliche Weise näherbringt. Für Groß und Klein vermittelt die Science World wissenschaftliche Erkenntnisse und Phänomene auf spielerische Weise, hier gibt es Experimente zum Selbermachen sowie ein riesiges Kino mit Rundumleinwand im gläsernen Ball der Expo 86.

Vancouver hat eine lebendige Künstlerszene, die Filmwirtschaft gilt dabei als bedeutendes Standbein. Nicht umsonst wird die Stadt in diesem Zusammenhang auch als Hollywood North bezeichnet, ist sie mit mehreren großen Studios nach Los Angeles und New York City doch der drittgrößte Filmproduktionsstandort in Nordamerika. Dort findet im Herbst auch regelmäßig das Vancouver International Film Festival statt, bei dem den über 140.000 Fans annähernd 400 Filme aus über 70 Ländern präsentiert werden.

Wer das künstlerische Leben der Stadt tiefer erkunden will, dem ist ein Abstecher nach Granville Island oder ins Szene-Viertel Yaletown ans Herz zu legen. Hier finden regelmäßig zahlreiche Veranstaltungen, Aufführungen und Konzerte im Theater- und Musicalbereich statt. Vancouver verfügt über eine Vielzahl an Theaterstätten wie beispielsweise die Arts Club Theatre Company, die Vancouver Playhouse Theatre Company, das Touchstone Theatre, das Studio 58, das Carousel Theatre oder die United Players of Vancouver; Vancouver bietet darüber hinaus aber auch Freiluftvorstellungen wie Bard on the Beach oder Theatre Under the Stars. Vancouver nahm eine wichtige Rolle in der Entwicklung der gesamt-kanadischen Musik ein, vor allem die Klassik, der Folk, der Pop und der Punk haben hier wesentliche Einflüsse mitgenommen.

Heute internationale Musikgrößen hatten ihre Anfänge in just dieser Stadt und Bryan Adams, Nickelback, Sarah McLachlan, Michael Bublé & Co. kehren immer wieder gern auf die großen Bühnen der Rogers Area, des BC Place Stadium oder des Pacific Coliseum zurück. Ende Juni/Anfang Juli ist jedes Jahr die Hochzeit der Musikfestivals, das Vancouver Folk Music Festival sowie das Vancouver International Jazz Festival bieten etablierten Künstlern wie lokalen Newcomern eine Bühne mit buntem Rahmenprogramm, wobei Fans oftmals kostenlos in den Genuss der Konzerte kommen.

Touristen wie Einheimischen gleichermaßen bietet Vancouver über das gesamte Jahr hinweg Festlichkeiten und Events, die die vielen Facetten der Stadt und ihrer Bewohner ins Zentrum des Geschehens rücken. Am Canada Day findet sich die ganze Stadt am Canada Place ein, um mit Paraden, Shows, Konzerten und Workshops den Nationalfeiertag zu begehen. Mit den japanischen

Festlichkeiten anlässlich des Cherry Blossom Festivals, des chinesischen Neujahrsfests oder des Vancouver Pride Festivals der einflussreichen LGBTQ-Szene im Davie Village finden auch die Minderheiten und ihre Freunde und Unterstützer ausreichend Raum, sich zu präsentieren und auszuleben.

Veranstaltungskalender – eine Auswahl

Januar:	Dine Out Festival
Februar:	International Vine Festival
März:	JFL NorthWest Comedy Festival
April:	Cherry Blossom Festival
Mai:	BMO Vancouver International Marathon
Juni:	International Jazz Festival
Juli:	Celebration of Light
August:	Vancouver Pride Festival
September:	Vancouver International Film Festival
Oktober:	Vancouver Writers Fest
November:	Eastside Culture Crawl
Dezember:	Christmas Market

selben Stadion tritt das Männerteam der Vancouver Whitecaps in der Major League Soccer an, die Damen sind ihrerseits ebenfalls profimäßig in der W-League unterwegs und können im Swangard Stadium bejubelt werden. Baseball ist mit den Vancouver Canadians leider nur unterklassig vertreten, die dennoch packenden Matches der Northwest League bekommt man im Nat Bailey Stadium zu sehen.

Lacrosse als Nationalsport
Während Lacrosse hierzulande eher ein Nischensport ist, gilt es in Kanada neben Hockey als Nationalsport. Seinen Ursprung hat es bei den Indianern und diente damals als Kriegsvorbereitung. Heute wird Lacrosse auf Hockey-ähnlichen, mit Kunstrasen ausgelegten Feldern gespielt, wobei ein Hartgummiball mit einem Schläger, an dessen Ende ein Netz angebracht ist, gefangen, getragen und geworfen wird, um ein Tor zu erzielen.

Für die mitteleuropäischen Ohren eher Fremdworte, sind Gaelic Football und Lacrosse im Amateurbereich beliebte Mannschaftssportarten in Vancouver. Zudem findet dort seit 1994 jährlich der Slam City Jam statt, die nordamerikanische Skateboard-Meisterschaft, die eingefleischte Fans und interessierte Beobachter gleichermaßen an die Halfpipes zieht. An jedem ersten Sonntag im Mai treffen sich mal mehr, mal weniger professionelle Läufer zum Vancouver Marathon, dessen Strecke auf der Plaza of Nations beginnt, am False Creek vorbei durch Gastown und den Stanley Park führt, um über die Burrard Street Bridge nach Kitsilano zu leiten, wo eine Schleife durchlaufen wird, um schließlich wieder zum Ausgangspunkt zurückzugelangen. Rekordsieger ist der Deutsche Ulrich Steidl, der das Rennen zwischen 2000 und 2004 fünfmal in Folge gewann.

Vancouvers Strände

Jericho Beach: befindet sich auf der Südseite im Stadtteil West Point Grey

Blick auf North Shore Mountains, Downtown & Stanley Park

	Paradies für Sportler: Surfen, Segeln, Beachvolleyball, Tennis
Spanish Banks:	Verlängerung von Jericho & Locarno Beach
	weitläufig & ruhig
	Picknick, BBQ, Skimboarding
	kostenfreies Parken
Locarno Beach:	zwischen Jericho Beach & Spanish Banks
	Picknick, BBQ, Skimboarding
	kostenfreies Parken
Wreck Beach:	etwas verborgen im Westen
	FKK möglich
	naturbelassen, idyllisch
Kitsilano Beach:	Szenestrand: jüngstes Publikum
	Nordamerikas größter Outdoorpool
	Hundestrand
	Basketball, Beachvolleyball, Tennis

Sunset Beach:	nördlich der Burrard Brücke
	wenig frequentiert
	Hundestrand
	Wassertaxis nach Granville Island
English Bay:	zentral im Westend gelegen
	stark frequentiert
	Kajak, Beachvolleyball
Second Beach:	am North Lagoon Drive, Stanley Park
	Outdoorpool
	Schwimmen, Sonnenbaden

Vancouver bietet jedoch auch ausreichend Angebote und Möglichkeiten des Sports für Jedermann: In den Parkanlagen und an den Uferpromenaden finden sich Jogger zuhauf, emsige Radfahrer treten quasi überall in die Pedale, im False Creek trifft man auf Kanuten, Familien drehen auf den zahlreichen Kunsteisbahnen ihre Runden und an den 18 Kilometer langen Stränden toben sich Beachvolleyballer, Windsurfer, Segler, Kajakfahrer und Angler aus, während andere entspannt bei einem Picknick oder Sonnenbad das Meeresrauschen genießen.

Nicht erst, seitdem Vancouver 2010 Austragungs-ort der XXI. Olympischen Winterspiele war, ist es bekannt für seine reizvollen Wintersportgebiete, die unweit vor den Toren der Stadt eine vielfältige Palette an Möglichkeiten inmitten einer traumhaft schönen Landschaft bieten. Da wäre einmal das Whistler-Blackcom-Resort als eines der populärs-ten Skigebiete Nordamerikas, in dem auch eine Vielzahl der olympischen Wettbewerbe abgehal-ten wurden.

Olympiastadt 2010
Mit den Olympischen Winterspielen 2010 erhielt Vancouver als dritte kanadische Stadt den Zu-schlag des Olympischen Komitees nach Montreal 1976 und Calgary 1988. Einige Wettkämpfe fanden auch im Wintersportgebiet Whistler sowie in den Vororten Richmond und West Vancouver statt.

Doch auch in den Sommermonaten lohnt sich die etwa zweistündige Fahrt ab Vancouver, lässt es sich auf den dortigen Routen doch ausgezeichnet wandern, Mountainbiken und klettern oder in den reißenden Bächen Kanusport oder Rafting betrei-ben. Um einiges näher an Vancouver gelegen sind die North Shore Mountains mit dem Cypress Mountain, dem Mount Seymour und dem Grouse Mountain. Gerade Letzterer hält einige Highlights bereit, darunter eine beleuchtete Skipiste (und 25 weitere unbeleuchtete mit insgesamt vier Sesselliften), eine 90-minütige Route zum Aufstieg auf den Gipfel und eine im Jahre 2010 errichtete Windkraftanlage von 65 Metern Höhe mit gigantischen 37 Meter langen Rotorblättern, wobei das Anlagenauge als Aussichtsplattform fungiert und einen atemberaubenden Blick über die weite Landschaft ermöglicht.

Wer sich ins Abenteuer stürzen möchte, findet in und um Vancouver herum zahllose Gelegenheiten für einen anständigen Adrenalinkick. Egal, ob beim Ziplining, Heli-Skiing, Bungee-Jumping oder Paragliding: Neben dem bezahlten Spaß gibt es immer auch einen unbezahlbar schönen Ausblick on top! Lokale Veranstalter überschlagen sich fast mit Angeboten für Outdoor-Abenteuer inkl. Leih-Equipment, Nervenkitzel auf Wasser oder an Land gibt es gefühlt an jeder Straßenecke. Mit dem Kajak den False Creek oder Indian Arm, ein Fjord von 18 Kilometern Länge, erkunden, am Sky Corridor klettern oder am

Geburtsort des Freestyle Mountainbiking in den Northern Shore Mountains biken: Ganzkörpertraining ist vorprogrammiert. Wer es lieber etwas ruhiger angehen lässt, kann an der 20.000 Kilometer langen Küste Wale bestaunen, an einem der über 25.000 Seen angeln oder im Stanley Park, im George C. Reifl Migratory Bird Sanctuary oder am Boundary Bay Vögel beobachten.

Vancouver City Passport

Sparfüchse aufgepasst: Mit dem Vancouver City Passport erhalten Sie einen über hundert-seitigen Guide voller Attraktionen in und um Vancouver sowie Sparcoupons für über 50 Sehenswürdigkeiten und mehr für zwei Erwachsene und zwei Kinder. Darunter befinden sich Ersparnisse für Museen, Sightseeing-Touren, Fahrradverleih, Abenteuertrips, Restaurants, Live Theater u. v. m.

Erhältlich sind diese für rund 30 CAD entweder online, in Touristenbüros sowie an einigen Attraktionen und Hotelrezeptionen.

Sport der etwas anderen Art können Sie auch inmitten der City treiben, wie auch immer das Wetter gerade sein mag. Einkaufszentren wie z. B. die

Granville Mall, das Harbour Center oder das Pacific Center laden zu ausgiebigen Schaufensterbummeln und intensiven Shoppingtouren ein. Wenn Sie etwas Ausgefallenes suchen, sind Sie in der Robson Street genau richtig: Diverse Kettenläden wie auch die großen Kaufhäuser Eatons und The Bay warten mit Schmuckstücken von angesagten Designern auf Ihren Besuch. Weitere Spezialboutiquen und trendige Szeneläden finden Sie in Yaletown.

Soll es ein entspannter Shoppingtag in historischem Ambiente werden, so können Sie gemächlich durch Gastown mit seiner Vielzahl an kleinen Galerien und Souvenirläden schlendern. Vergessen Sie nicht, Ihren Lieben daheim oder sich selbst ein kleines Andenken mitzubringen, sei es ein Fläschchen kanadischer Wein, echter kanadischer Ahornsirup oder Holzschnitzereien von einheimischen Indianerstämmen. Die Mehrheit der Geschäfte ist ab neun oder zehn Uhr morgens bis 21 Uhr am Abend bzw. 17 Uhr an Samstagen geöffnet, immer mehr Läden öffnen auch sonntags ihre Pforten und laden zum Verweilen ein.

KULINARIK: AHORNSIRUP, INTERNATIONALE KÜCHE & HEIMISCHER WEIN

Die Küche in Kanada variiert stark von Region zu Region und ist in jeder Provinz von den jeweiligen Einwanderernationen beeinflusst. Wenn sich alle Kanadier auf ein Nationalgericht einigen müssten, wäre es wohl die aus Quebec stammende Spezialität Potine, ein eher deftiges Gericht aus Pommes mit Käse und Bratensoße überbacken. Klassisch kanadisch ist auch das Kuchendessert Butter Tart oder natürlich der Ahornsirup, der dort zu süßen wie herzhaften Mahlzeiten gleichermaßen serviert wird. Typisch kanadisches Essen wird noch am ehesten in kleineren Brauereien serviert.

Kanadas flüssiges Gold
Die Rede ist nicht etwa von Erdöl, sondern von einem der höchsten Genüsse, den Kanada zu bieten hat: Ahornsirup, der eingedickte Saft des Zucker-Ahorns. Zwischen 80 und 90 Prozent der weltweiten Produktion finden in dem Land statt.

Erfunden wurde die Herstellung von den Indianervölkern im Nordosten Nordamerikas, die die

Stämme der Bäume anbohrten, um so den Pflanzensaft zu entnehmen und diesen über Holzfeuer einzukochen. Heutzutage läuft die Prozedur natürlich industriell ab, doch auch im Amateurbereich hat diese Fans gefunden, die das Einkochen mit sogenannten Sugaring-off Partys feiern.

Ansonsten bietet Kanada allgemein und Vancouver im Besonderen die ganze Palette internationaler Spezialitäten. Besonders empfehlenswerte Restaurants findet man in Yaletown, in Gastown oder am Coal Harbor. Natürlich reicht das Angebot durch alle Preiskategorien, generell lässt sich jedoch sagen, dass die Preise kanadischer Restaurants preiswerter sind als die ihrer deutschen Pendants. Das mag unter anderem dem niedrigen Grundgehalt des dort tätigen Personals geschuldet sein, weshalb ein Trinkgeld in Höhe von 15 bis 20 % nicht nur angemessen, sondern fast obligatorisch ist.

Wer sich schmackhaft und günstig für den erlebnisreichen Tag stärken will, dem seien die schnieken Cafés und Coffee-Shops Vancouvers ans Herz gelegt. Neben internationalen Ketten wie Starbucks bieten unter anderem auch die Filialen von

Caffè Artigiano ein Frühstück an, das Sie schwungvoll in den Tag starten lässt. Für den Hunger und das Erlebnis zwischendurch empfiehlt sich das Edible Canada, ein trendiges Ökobistro mit Straßenverkauf und eigenem Parkplatz für Elektroautos in der Johnston Street.

Vancouver ist übersät mit guten und preiswerten Sushi-Restaurants und vielen weiteren Asiaten. Soll es dann doch einmal etwas exklusiver sein, sticht das Kingyo in der Denman Street mit seinen verblüffenden japanischen Kreationen aus der jungen asiatischen Szene heraus. Mit dem Cacao in der First Avenue trifft Südamerika auf Kanada: Sterne-verdächtige Kreationen wie Tintenfisch mit Ananas-Salsa und Yucca-Fritten versprechen eine Geschmacksexplosion, die ihresgleichen sucht.

Seit über 30 Jahren kann man in der Thurlow Street bei Joe Forte's klassisches Fischhandwerk genießen – jahrzehntelange Erfahrung kann nicht irren! Und wenn Sie dann doch einen dekadenten Abend verbringen wollen, nehmen Sie Platz auf der beheizten Dachterrasse mit Kamin über dem False Creek und lassen Sie sich in dem Sandbar

Seafood Restaurant besten Fisch in allen Variationen kredenzen.

In praktisch allen Restaurants, aber auch in speziellen Weinfachgeschäften sowie beim Vancouver International Wine Festival können Sie auf den Geschmack des heimischen Weins aus British Columbia kommen. Außerhalb der Provinz wenig verkauft und daher nicht vielen bekannt, gilt nicht zuletzt der Eiswein als absolute Spezialität und Gaumenfreude für Genießer. Aber Achtung: Alkohol wird nur an über 19-Jährige ausgeschenkt und verkauft und sein Konsum ist in der Öffentlichkeit strikt untersagt!

Freunde des Fisches werden in der Arbutus Street bei Finest At Sea verführt: Dort können Sie Fisch in allen Formen und Varianten, geräuchert, gefroren, in Dosen oder als Candy testen und erwerben. Und als wäre das alles noch nicht genug, können Sie mit einer Dinner-Kreuzfahrt der unzähligen Anbieter einen unvergesslichen Abend auf einer prachtvollen Jacht mit exquisiten Menüs bei untergehender Sonne verbringen.

UNTERKUNFT: DAS GEHEIMNIS LAUTET VORORTE

Unterkünfte gibt es in Vancouver wie Sand am Meer, für alle Ansprüche und Budgets werden Sie eine breite Auswahl finden. Ob es nun ein All-inclusive-Luxushotel mit Blick auf die wogenden Wellen und wolkenverhangenen Berge, ein praktisch gelegenes Hotel mitten in Downtown, ein kleines, aber feines Zimmer bei einer kanadischen Familie, eine gemütliche Pension etwas außerhalb der Stadt, eine Blockhütte im Naturresort oder ein Campingplatz inmitten der ihn umgebenden Nadelbäume ist, im Gros ist der Standard wirklich gut.

Dabei gilt die Faustregel, dass Unterkünfte in Vancouver selbst teuer sind. Wer großen Wert auf sehr kurze Strecken sowie Großstadtflair legt und sich selbst sagt „Man urlaubt nur einmal im Jahr", der kann bedenkenlos ein Zimmer in einem der zahlreichen Innenstadthotels buchen. Das Drei-Sterne-Aparthotel Time Square Suites befindet sich in der Robson Street im Stadtteil Westend und damit in hervorragender Lage, nur einen Katzensprung vom Stanley Park und zehn Gehminuten von den Stränden der English Bay entfernt. Ausstattung, Service und Sauberkeit werden mit Spitzennoten bewertet.

Direkte Innenstadtlage und einen Stern mehr erhalten Sie im L'Hermitage Hotel in der Richards Street, von wo man fußläufig hervorragend alle wichtigen Sehenswürdigkeiten erreicht. Nicht nur ein architektonischer Augenschmaus ist das direkt am Hafen gelegene Fünf-Sterne-Hotel Fairmont Waterfront am Canada Place, von wo aus Gastown in nur fünf Gehminuten erreichbar ist.

Für den bewussten Reisenden mit kleinerem Budget lohnt der Blick nach etwas außerhalb von Vancouver. Wer etwas Geld sparen möchte und ein paar Minuten mehr Wegstrecke in die Stadt selbst aufbringen kann, der findet günstige Unterkünfte entweder in direkter Nähe des Flughafens, in North Vancouver oder in den südöstlichen Vororten Surrey und Langley. Alle sind sie per ÖPNV an Vancouver angeschlossen. Mit dem Days Inn by Windham in der Sexsmith Road in Richmond ist man nach der Landung auf kanadischem Boden dank kostenlosem Shuttleservice rasch im Hotel und kann zugleich bares Geld sparen. Das Ramada by Windham in Surrey vereint einen ausgezeichneten Preispunkt mit einem guten Abschneiden in puncto Ausstattung, Angebote und Service. Gleiches gilt für das SureStay Hotel by Best Western in der Capilano Road, North Vancouver.

Natürlich gilt dieselbe Logik auch für alle anderen Arten von Unterkünften: Ferienwohnungen, Hostels, private Zimmer, Pensionen usw. werden Sie in der Regel günstiger in den Vororten finden. Wer eine Schlafgelegenheit fernab der herkömmlichen Unterkünfte und des Großstadttrubels sucht, für den kommt vielleicht Camping infrage. Auch hier reicht das Angebot von möblierten Luxuszelten über einfache Stellplätze für Wohnmobile hin zum Ein-Mann-Zelt zum Selbstaufbau.

Direkt mit dem Auto zu erreichen sind beispielsweise der Alice Lake Provincial Park oder der Golden Ears Provincial Park, wohingegen der Garibaldi Provincial Park nur per Wanderweg erreichbar ist und der Zutritt zum Indian Arm Park gar zusätzlich eine kleine Bootstour erfordert. Allen gemein ist das hautnahe Erleben von Vancouvers atemberaubender Natur und die einzige Reservierungsmöglichkeit über https://discovercamping.ca/. Tun Sie es doch den Kanadiern gleich, unter denen bei vielen Camping bereits zu einer Art Nationalsport geworden ist. Wer will es ihnen bei dieser traumhaften Natur auch verübeln?

REISETIPPS: WIE MAN AUCH MIT KLEINEM GELDBEUTEL VOLL AUF SEINE KOSTEN KOMMT

Kleines Budget, großes Erlebnis: Das und noch viel mehr kann Vancouver. Wer mit ein bisschen Glück und Geduld günstige Flüge ergattert, eine Unterkunft etwas außerhalb des Stadtzentrums bucht und sich in der Stadt selbst zu Fuß oder per Leihrad fortbewegt, hat gleichermaßen mehr in der Urlaubskasse und auch auf seinen Wegen mehr zu erleben. Und es braucht auch für die Attraktionen in Vancouver nicht das ganz große Geld, der Zutritt in die diversen Parks ist zumeist ohne Entgelt möglich, mit dem Vancouver City Passport erhalten Sie vergünstigten Eintritt in viele kulturelle Highlights und Sehenswürdigkeiten und im Rahmen von Festivals hat die Stadt oftmals kostenlose Angebote für Jedermann.

Sie können das noch nicht so richtig glauben oder brauchen Sie einfach nur ein wenig mehr Inspiration, wie so ein kostengünstiger Aufenthalt gestaltet sein kann? Dann folgt hier ein Vorschlag für drei unvergessliche Tage Vancouver in seiner vollen Pracht:

An Tag eins starten Sie im Herzen der Stadt und Sie verschaffen sich einen Überblick über das herrliche Stadtzentrum. Ausgehend vom Stadtteil Granville Island, der auf einer eigenen Halbinsel liegt, die die beiden Teile Vancouvers miteinander verbindet, flanieren Sie weiter gen Norden durch die wunderschöne historische Altstadt von Gastown, dem Gründungsbezirk. Auf Ihrem Spaziergang werden Sie eine Reihe an originären Eindrücken sammeln, an zahllosen Galerien und netten kleinen Cafés und Restaurants vorbeikommen.

Es lohnt sich in jedem Fall, dort einmal Halt zu machen und das bunte Treiben der Stadt an sich vorbeiziehen zu lassen. Dann kann es weitergehen in die grüne Oase, den Stanley Park ganz im Norden der Stadt. Dort ist der Besuch des Vancouver Aquariums ein Muss, Sie werden keinen Cent des Eintrittsgeldes bereuen! Wenn Sie einen Coupon aus dem Vancouver City Pass nutzen, zahlt sich die kleine Investition gleich mehrfach aus. Danach steht es Ihnen frei, ob Sie sich ein Plätzchen auf einer Parkbank suchen, um die geselligen Tiere zu beobachten, durch die Wälder zu spazieren und den herrlichen Duft der Nadelbäume zu schnuppern, oder ob Sie die immer tiefer wandernde Sonne an einem der angrenzenden Strände bewundern.

Am zweiten Tag ist es an der Zeit, die eindrucksvolle Natur vor den Toren der Stadt hautnah zu erleben. Die Nordküste Vancouvers bietet mit Regenwäldern, Bergen und Fjorden alles, was das Herz des Naturliebhabers begehrt. Wagen Sie den Aufstieg auf den Grouse Mountain und genießen Sie von der dortigen Windkraftanlage aus den atemberaubenden Blick über Vancouver und weit darüber hinaus. Wandern Sie durch den Lynn Canyon Park und belohnen Sie sich mit einem Picknick inmitten der Natur, nachdem Sie mutig über die freischwingende, 48 Meter lange Lynn Canyon Suspension Bridge 50 Meter über den Talgrund gelaufen sind.

Den Tag ausklingen lassen können Sie an den traumhaften Stränden der English Bay. Wenn Sie zur richtigen Zeit unterwegs sind, könnten Sie

Glück haben und einem der zahlreichen dort regelmäßig stattfindenden Festivals wie beispielsweise der Celebration of Light beiwohnen.

An Ihrem dritten, aber nicht zwingend letzten Tag in Vancouver erwartet Sie eine Mischung aus kulturellen Sehenswürdigkeiten, Schaufensterbummel und kulinarischen Genüssen. Lernen Sie in einem oder in mehreren der sehenswerten Museen der Stadt noch mehr über die reiche Historie Vancouvers und seine heutige Vielfalt. Nutzen Sie die Chance, noch mehr über die lebendige Kultur zu erfahren, indem Sie wahlweise in eine Theatervorstellung gehen oder bei Gelegenheit eines der traditionsreichen Festivals miterleben.

Schlendern Sie doch noch durch eine der Shopping Malls und kaufen Sie ein paar Mitbringsel und Andenken für sich und Ihre Lieben. Und zum Abschluss gönnen Sie sich noch ein Menü der Geschmacksexplosionen in einem hübschen Lokal Ihrer Wahl, wo Sie auf einen gelungenen Urlaub und zahlreiche unvergessliche Erinnerungen anstoßen können. Hier können Sie ohne schlechtes Gewissen auch ein paar Scheine mehr ausgeben; diese haben Sie sich zuvor für diesen letzten Genussmoment aufgespart.

SABINE MENRATH

Vancouver: Zu jeder Zeit eine Reise wert

Vancouver – eine lebens- und sehenswerte Stadt mit tausend Gesichtern, die Einheimischen wie Touristen ganzjährig enorm viel zu bieten hat. Eingesäumt von Bergen und Meer an der kanadischen Westküste, entwickelte sich Vancouver durch viele kulturelle und ethnische Einflüsse zu einer modernen Metropole, die sich gleichsam etwas Natürliches bewahrt hat. Der Diversität und Vielfalt zum Trotz oder viel mehr zum Dank entwickelte sich dort eine ganz eigene, liebenswerte und aufregende Kultur, die man gesehen und erlebt haben muss.

Mit dem typischen Standard einer modernen Metropole kann Vancouver allemal mithalten und kann darüber hinaus noch einiges mehr. Der Mix aus architektonischen und kulturellen Highlights, der Vielfalt an Erlebnis-, Freizeit- und Erholungsmöglichkeiten sowie den grünen Oasen inmitten der Großstadt erzeugt einen einmaligen Charme, dem man nicht widerstehen kann. Ob Alleinreisender, Liebes- oder Familienurlaub; ob Bildungs- oder Erholungsreise, Sightseeing- oder Abenteuertrip: Vancouver hat für jeden Typ und Gusto eine Menge im Repertoire. Und wer an den richtigen Stellen Geld einspart, kann es umso bedenkenloser für einzigartige Erlebnisse und Genüsse einsetzen und kehrt mit wertvollen Erinnerungen im Gepäck zurück.

Lassen Sie uns zum Schluss doch noch den Blick in die Zukunft richten: Was haben das Ende dieses Buches und der letzte Abend Ihrer noch bevorstehenden Reise nach Vancouver gemeinsam? Unter Umständen ein wenig Entzücken und Nostalgie, vielleicht auch eine gewisse Zufriedenheit.

Vor allen Dingen und in erster Linie sollte es aber die Überzeugung und Gewissheit sein, dass Vancouver zu jeder Zeit eine Reise wert ist.

Herstellung und Verlag:
BoD – Books on Demand, Norderstedt
ISBN: 9783753436128

© Sabine Menrath 2022
1. Auflage
Kontakt: Psiana eCom UG/ Berumer Str. 44/ 26844 Jemgum
Covergestaltung: Fenna Larsson
Coverfoto: depositphotos.com